Comprendere i numeri

Conversioni, numeri negativi, floating point e operazioni

Luciano Manelli

Note sull'autore

Luciano Manelli è nato nel 1975 a Taranto. Si è laureato in Ingegneria Elettronica al Politecnico di Bari ed ha prestato servizio quale Ufficiale di Complemento presso la Marina Militare. Ha conseguito il Dottorato di Ricerca in Informatica presso il Dipartimento di Informatica dell'Università degli Studi di Bari Aldo Moro ed è stato docente a contratto presso il Politecnico di Bari - Dipartimento di Ingegneria Gestionale per il corso di Fondamenti di Informatica e presso l'Università degli Studi di Bari Aldo Moro - Dipartimento di Informatica per il corso di Programmazione per il Web. Durante il dottorato ha approfondito lo studio sul Grid Computing redigendo pubblicazioni internazionali. Professionista certificato, dopo aver lavorato 13 anni per InfoCamere S.C.p.A., dal 2014 è impiegato presso l'Autorità Portuale di Taranto.

Contatti dell'autore:

fondamentiinformaticamoderna@gmail.com

it.linkedin.com/in/lucianomanelli

Prefazione

Il presente testo è estrapolato dal libro universitario dell'autore. Il libro nasce da una quindicennale esperienza lavorativa sui sistemi informativi e da esperienze di docenza in corsi universitari e professionali e pertanto si rivolge principalmente al pubblico degli studenti, ma anche a quello dei professionisti quale punto di partenza per chi si addentra nell'ambito dell'informatica e dei sistemi informativi per la prima volta. Con questa ed altre versioni ridotte, l'autore si propone di approfondire alcuni ambiti specifici, che risultino di supporto alla preparazione di esami universitari o di certificazioni, ovvero di introduzione a particolari aspetti dell'informatica e dei sistemi informativi.

Nella seguente dissertazione si affronta in maniera chiara, completa e puntuale la gestione dei numeri binari. Si parte dai concetti di algebra booleana per giungere ai sistemi di numerazioni e per poi passare alle operazioni base e alle conversioni binario - decimale - ottale - esadecimale. La sezione successiva è dedicata allo studio dei numeri negativi e alle relative operazioni con la gestione di carry ed overflow e le relative regole di riconoscimento delle situazioni particolari. In ultimo, si introducono i numeri in formato fixed point e si affrontano i numeri in formato floating point analizzandone precisione ed operazioni di somma. Ogni nozione è corredata da esempi chiari e tabellari, con spunti di regole pratiche ed approfondimenti degli argomenti più importanti.

Ho sempre pensato e sostenuto che i sogni debbano essere conquistati e spero che la lettura e lo studio del presente testo vada oltre al suo scopo strettamente didattico aprendo prospettive su una realtà in continua evoluzione.

Luciano Manelli, "Fondamenti di Informatica Moderna",
ARACNE, 2014.

1. Indice

2. Introduzione

I computer elaborano le informazioni provenienti dall'esterno (input), opportunamente rappresentati in forma digitale, e producono un risultato in uscita (output). È opportuno quindi comprendere in quale modo i computer rappresentino tali informazioni attraverso un'opportuna codifica. Per codifica o codice si intende un insieme di elementi generati da un definito insieme di simboli seguendo delle regole determinate (ad esempio le parole generate dalle lettere dell'alfabeto). L'unità elementare di informazione è il *bit* e può assumere solo due valori rappresentati dai simboli: 0 e 1. Le informazioni da elaborare sono convertite in simboli dell'alfabeto binario e, in questa forma, sono sottoposte alle varie fasi di elaborazione; al termine, i risultati ottenuti in formato binario, sono riconvertiti nel dato di output richiesto. La codifica fondamentale all'interno di un elaboratore è quindi quella individuata dal sistema binario, anche se, per le operazioni di input/output e per la rappresentazione di dati non numerici (di tipo carattere) sono state introdotte altre codifiche: la codifica ASCII (American Standard Code for Information Interchange) e la codifica EBDCEC (Extended Binary Coded Decimal Interchange Code).

3. Algebra di Boole e Operatori logici

La logica binaria (o booleana), ideata da G. Boole oltre cento anni fa utilizza due valori, 0 e 1, che possono essere considerati valori di verità (0 corrisponde a falso e 1 corrisponde a vero) e tre operazioni fondamentali: AND, OR e NOT. Segue che una variabile booleana è una variabile binaria in grado di assumere soltanto due valori booleani: vero (true) o falso (false). Le variabili booleane sono alla base dell'algebra booleana e del funzionamento dei sistemi informatici. Una variabile booleana è utilizzata per memorizzare uno stato: ad esempio, una lampadina può assumere due stati: on (acceso) o off (spento), non esistendo altre possibilità intermedie. Le operazioni sulle variabili booleane sono effettuate tramite gli operatori booleani (o logici). L'AND, con il NOT e l'OR, sono i principali operatori logici, la cui combinazione permette di sviluppare qualsiasi funzione booleana e consente anche di trattare in termini algebrici le operazioni insiemistiche dell'intersezione, dell'unione e della complementazione e diverse altre funzioni binarie. In ultimo, la logica binaria è utilizzata a livello circuitale per costruire tutte le componenti hardware di controllo (quali unità di controllo, ALU, registri, controllo della memoria): un circuito è quindi costituito da un insieme di porte logiche connesse tra di loro.

L'operazione AND dà come valore 1 se tutti gli operandi hanno valore 1, mentre restituisce 0 in tutti gli altri casi, ovvero restituisce una condizione vera solo se tutte le premesse sono vere. La tabella seguente rappresenta l'operatore AND nel caso di due entrate. Tale definizione è comunque generalizzabile a n ingressi.

A	B	A AND B
0	0	0
0	1	0
1	0	0
1	1	1

Tabella 1. Operazione AND.

Il simbolo grafico di una porta AND è il seguente.

Figura 1. Porta logica AND.

L'operazione logica OR restituisce 1 se almeno uno degli elementi è 1, mentre restituisce 0 in tutti gli altri casi, ovvero restituisce una condizione vera quando almeno una delle premesse è vera. Di seguito la tabella rappresenta l'operatore OR nel caso di due entrate. Tale definizione è comunque generalizzabile a n ingressi.

A	B	A OR B
0	0	0
0	1	1
1	0	1
1	1	1

Tabella 2. Operazione OR.

Il simbolo di una porta OR a due ingressi è:

Figura 2. Porta logica OR.

L'operatore NOT restituisce il valore inverso a quello in entrata. Una concatenazione di NOT è semplificabile con un solo NOT in caso di dispari ripetizioni o con nessuno nel caso di pari. In ultimo, la porta logica NOT possiede una sola variabile binaria.

A	NOT A
0	1
1	0

Tabella 3. Operazione NOT.

Il simbolo di una porta NOT è:

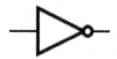

Figura 3. Porta logica NOT.

In ultimo, l'operatore XOR (o EX-OR o OR esclusivo) non è tra le operazioni fondamentali dell'algebra booleana, ma è tra le più utilizzate ed è pari ad 1 solo quando uno dei due bit è 1 e l'altro è 0, mentre è 0 negli altri casi, ovvero restituisce una condizione vera solo quando una premessa è vera ed una è falsa. Di seguito la tabella rappresenta l'operatore XOR nel caso di due entrate.

A	B	A XOR B
0	0	0
0	1	1
1	0	1
1	1	0

Tabella 4. Operazione XOR.

Il simbolo di una porta XOR è:

Figura 4. Porta logica XOR.

In ultimo, l'operazione XOR si può calcolare con la seguente espressione:

A XOR B = (A AND NOT B) OR (NOT A AND B)

In ambito elettronico, al fine di semplificare espressioni complesse e per una maggiore aderenza alla realtà dei dispositivi elettronici che implementano le porte elementari, si usano operatori che uniscono l'operazione di NOT ad altre: questi operatori sono NOR (OR + NOT), NAND (AND + NOT), XNOR (XOR + NOT). La negazione, in questi casi, viene applicata dopo il risultato dell'operatore principale (OR, AND, XOR).

Le operazioni della logica binaria godono di diverse proprietà, simili alle proprietà delle operazioni di somma e prodotto. Ogni proprietà vale sia per l'AND che per l'OR (legge di dualità).

Operazione	AND	OR
Commutativa	A AND B=B AND A	A OR B=B OR A
Associativa	A AND (B AND Z)=(A AND B) AND Z	A OR (B OR Z)=(A OR B) OR Z
Distributiva	A AND (B OR Z)=(A AND B) OR (A AND Z)	A OR (B AND Z)=(A OR B) AND (A OR Z)
De Morgan	NOT (A AND B)=(NOT A) OR (NOT B)	NOT (A OR B)=(NOT A) AND (NOT B)
Convolutiva	NOT (NOT A)=A	
Assorbimento	A AND 0=0	A OR 1=1
Elemento neutro	A AND 1=A	A OR 0=A

Tabella 5. Operazioni di logica binaria.

4. Il sistema di numerazione binario

I calcolatori usano il sistema di numerazione binario per la rappresentazione interna delle informazioni: questo in quanto i dispositivi elettronici usati presentano solo due stati al pari di un interruttore (che può essere spento o acceso). Il sistema di numerazione binario, al pari di quello decimale, è un sistema di numerazione posizionale, ovvero il valore delle cifre del numero dipende dalla posizione che occupano nel numero stesso. La cifra più a sinistra è la cifra più significativa (si consideri uno stipendio di 1000€ o 2000€, in cui la cifra più a sinistra fa la differenza), quella più a destra è la cifra meno significativa. La cifra più a destra viene moltiplicata per 1 (ovvero 10^0 nel caso di sistema decimale e di 2^0 nel caso di sistema binario), spostandosi a sinistra di una posizione il valore della cifra viene moltiplicato per dieci (nel caso di un sistema decimale) o per due (nel caso di un sistema binario), e via dicendo. Un sistema non posizionale è, ad esempio, quello degli antichi numeri romani (ad esempio: XVIII = 18, XIX = 19). Nei sistemi posizionali il numero N viene rappresentato come:

$$N = c_0 \times b^0 + c_1 \times b^1 + c_2 \times b^2 + ... + c_i \times b^i + ... + c_n \times b^n$$

Ovvero come:

$$N = \sum_{i=0}^{n} c_i b^i$$

I coefficienti c_i sono le cifre del sistema (nel caso decimale ogni coefficiente può assumere uno tra i seguenti valori: 0, 1, ..., 9; nel caso binario ogni coefficiente può assumere uno tra i due seguenti valori: 0, 1) e b è la base (10 nel caso decimale o 2 nel caso binario). Per esempio, il numero 350 in base dieci si rappresenta nella seguente maniera:

$$350_d = 0 \times 10^0 + 5 \times 10^1 + 3 \times 10^2 = 300 + 50 + 0$$

In base due si rappresenta come:

$$101011110_b = 0 \times 2^0 + 1 \times 2^1 + 1 \times 2^2 + 1 \times 2^3 + 1 \times 2^4 + 0 \times 2^5 + 1 \times 2^6 + 0 \times 2^7 +$$

$1 \times 2^8 = 2^8 + 2^6 + 2^4 + 2^3 + 2^2 + 2^1 = 256 + 0 + 64 + 0 + 16 + 8 + 4 + 2 + 0 = 350$

Considerando anche altri due sistemi di numerazione: ottale (8 cifre) e esadecimale (16 cifre), è possibile calcolare lo stesso numero in base otto e si rappresenta come:

$536_{ott} = 6x8^0 + 3x8^1 + 5x8^2 = 6 + 24 + 320 = 350$

Infine, in base sedici, si rappresenta come:

$15E_{ex} = 14 \times 16^0 + 5 \times 16^1 + 1 \times 16^2 = 256 + 80 + 14 = 350$

Nel caso della base 16 le sei ulteriori cifre sono rappresentate con delle lettere, come si nota dall'esempio (A = 10, B = 11, C = 12, D = 13, E = 14, F = 15).

In ultimo è necessario far notare che con n simboli di un sistema di numerazione a base b si possono rappresentare N parole di lunghezza n, secondo la regola:

$N = b^n$

Ad esempio con 8 bit è possibile rappresentare in un sistema binario (che ha due cifre a disposizione):

$N = 2^8 = 256$

Quindi 256 parole di lunghezza 8.

5. Rappresentazione dei numeri interi e conversione

Per convertire la parte intera di un numero decimale in un numero binario, è necessario dividere per due il numero fino ad arrivare a zero e considerare quali cifre binarie il resto: il numero binario si ottiene leggendo in modo inverso i resti ottenuti. Di seguito alcuni esempi.

Convertire il numero 12 in binario. Si procede convertendo in binario prima la parte intera con le divisioni successive.

Parte intera:

12:2=6 (resto 0)
6:2=3 (resto 0)
3:2=1 (resto 1)
1:2=0 (resto 1)
0

Per cui:

$12_{10} == 1100_2$

Convertire il numero 17 in binario. Si procede convertendo in binario prima la parte intera con le divisioni successive.

Parte intera:

17:2=8 (resto 1)
8:2=4 (resto 0)
4:2=2 (resto 0)
2:2=1 (resto 0)
1:2=0 (resto 1)
0

Per cui:

$17_{10} == 10001_2$

Per convertire un numero binario in decimale è sufficiente effettuare le somme dei prodotti tra i coefficienti binari con i relativi pesi nel numero binario secondo l'ordine.

Convertire il numero 1011_2 in decimale. Il procedimento da seguire è quello che associa ad ogni cifra il relativo peso:

$$1*2^0 + 0*2^1 + 1*2^2 + 1*2^3 = 1 + 0 + 4 + 8 = 13_{10}$$

Le regole che caratterizzano l'aritmetica binaria sono analoghe a quelle del sistema decimale, con il necessario adattamento derivante dall'uso limitato ai due simboli 0 e 1. Sono riportate di seguito le regole per l'addizione.

$0+0 = 0;$
$0+1=1;$
$1+0=1;$
$1+1= 10$
(si legge uno-zero) ovvero 0 con riporto di 1

Si effettui la somma tra i due numeri binari interi: 100011_2 e 1110_2: in decimale corrisponde alla somma tra 35_{10} e 14_{10}, la cui somma è 49.

```
  1 1 1  ← Riporti
1 0 0 0 1 1 +
  0 1 1 1 0 =
--------------
1 1 0 0 0 1  → 49₁₀
```

Sono riportate di seguito le regole per la sottrazione:

$0 - 0 = 0$
$0 - 1 = 1$

(col prestito di 1)
1 - 0 = 1
1 - 1 = 0

Si effettui la differenza tra i due numeri binari interi: 100011_2 e 1110_2: in decimale corrisponde alla somma tra 35_{10} e 14_{10}, la cui differenza è 21.

1 0̸ 0̸ 0̸ 1 1 -
0 1 1 1 0 =
----
0 1 0 1 0 1 → 21_{10}

In ultimo, se si volesse effettuare la conversione tra decimale e sistema ottale o esadecimale, le regole sono le medesime della conversione con i numeri binari, con l'unica agevolazione nel caso in cui si abbia già il numero in binario: infatti in tal caso è sufficiente partire dal bit meno significativo più a destra e considerare i bit a blocchi di tre per la conversione in ottale e a blocchi di quattro per la conversione in esadecimale. Considerando il numero decimale 350_{10} prima analizzato, che in binario corrisponde a 101011110_2, di seguito si consideri il raggruppamento di bit per il sistema di numerazione ottale:

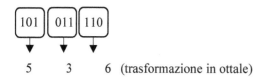

5   3   6   (trasformazione in ottale)

Di seguito si consideri il raggruppamento di bit per il sistema di numerazione esadecimale:

1   5   E   (trasformazione in esadecimale)

Tale trasformazione permette di rappresentare in maniera immediata i numeri binari in formato più leggibile da parte dell'operatore.

6. Rappresentazione dei numeri negativi

La rappresentazione utilizzata per avere numeri interi sia positivi che negativi è la rappresentazione in complemento a due. Con N bit si possono rappresentare i numeri interi compresi tra -2^{N-1} e $+2^{N-1}-1$. Ad esempio con N=16 bit si possono avere numeri tra:

$-2^{15} = -32768$ e $2^{15-1} = 32767$

I numeri negativi hanno il primo bit a 1, il numero zero è considerato "positivo".

La rappresentazione di un numero negativo può essere ottenuta tramite il seguente procedimento a tre fasi:

- si rappresenta il valore assoluto (che è un numero positivo);

- si complementa il numero ottenuto (scambiare 1 con 0 e viceversa);

- si somma 1 al numero complementato.

Ad esempio con 4 bit per -4 si parte da $4_{10} == 0100_2$, si complementa passando a 1011_2 e si aggiunge 1 ottenendo 1100_2.

La regola pratica è la seguente: partendo dal bit meno significativo (dal primo bit a destra), si mantengono tutti i bit inalterati fino al primo bit uguale ad 1, anche il primo 1 si mantiene inalterato, gli altri si complementano tutti. È necessario fare attenzione all'intervallo all'interno del quale si stanno rappresentando i numeri con complemento a due.

Ad esempio con 8 bit la somma tra 65 e -4 è la seguente:

0 1 0 0 0 0 0 1 + (65_{10})

$1 1 1 1 1 1 0 0 = (-4_{10})$

$0 0 1 1 1 1 0 1 \ (61_{10})$

Conseguentemente per calcolare la sottrazione tra due numeri A - B si usa la relazione A - B = A + (-B), ossia è sufficiente sommare ad A il complemento a due di B. Questo permette anche di semplificare la logica circuitale preposta alle operazioni matematiche.

Per comprendere meglio il concetto di complemento si effettui la seguente differenza in decimale (considerando 100 come intervallo di riferimento):

$$12 - 3 = 12 + (-3) = 12 + (100 - 3) - 100 = 12 + 97 - 100 = 109 - 100 = 9$$

Dove 97 è il complemento di -3.

Quindi, in generale, il complemento di un qualsiasi sistema di numerazione a base b, dato un numero N a n cifre intere, si definisce complemento a b di N la quantità:

$$N_{(compl)} = b^n - N$$

Si definisce complemento ad -1, la quantità:

$$N_{(compl-1)} = b^n - N - 1$$

Il complemento ad b-1 differisce da complemento ad b per un'unità nella cifra meno significativa.

La necessità di un numero prefissato di cifre binarie implica che ogni operazione possa non essere eseguibile se gli operandi superano determinati valori. Ad esempio la somma di due numeri interi a 8 bit non è definita se il risultato non può essere rappresentato. Anche se i numeri 100 e 50 sono rappresentabili come interi a 8 bit, se sommo i due interi 100 + 50 = 150, il risultato non è un numero a 8 bit, dato che il massimo intero positivo a 8 bit è127. In questo caso si genera un errore di traboccamento o overflow. In pratica, la somma tra 100 e 50 darebbe come risultato 150, che è la rappresentazione di -106. Perciò se la somma di due numeri positivi fornisce come risultato un numero negativo si ha overflow. Allo stesso modo se la somma di due numeri negativi fornisce come risultato un numero positivo si ha ancora overflow.

Per comprendere l'importanza dell'intervallo di rappresentazione di seguito sono presentati degli esempi. È importante notare che un eventuale riporto oltre l'intervallo di rappresentazione non viene considerato, venendo automaticamente eliminato dal circuito che effettua la somma: risulta quindi necessario comprendere le regole per valutare se e quando si genera errore (ovvero overflow). Si consideri una rappresentazione a 4 bit, l'intervallo di rappresentazione sarà [+7,-8] e si consideri la somma +3 – 3 = 0.

```
1 1 1 1 ← Riporti
   0011 +
   1101 =
-----------
↘ 0000
```

Il risultato è corretto in quanto il riporto generato (carry) non produce overflow.

Si consideri ora la somma +3 + 3 = 6.

```
   1 1 ← Riporti
  0011 +
  0011 =
-----------
```

0100 (+6₁₀)

Il risultato è corretto in quanto non si genera riporto.

Si consideri ora la somma $-3 - 3 = -6$.

1 1 1 ← Riporti
1101 +
1101 =

✗ *1010 (-6₁₀)*

Anche in questo caso il risultato è corretto in quanto il riporto generato (carry) non produce overflow.

Si consideri ora la somma $+7 + 6 = +13$.

1 1 ← Riporti
0111 +
0110 =

1101 (-3₁₀) → *KO*

In questo caso il risultato non è corretto in quanto la somma di due numeri positivi genera un numero negativo e produce overflow. Si osservi che l'anomalia si produce in quanto si ha un riporto sulla cifra precedente la più significativa.

Si consideri in ultimo ora la somma $-7 - 6 = -13$.

1 ← Riporto
1001 +
1010 =

✗*0001 (1)* → *KO*

Anche in questo caso il risultato non è corretto in quanto la somma di due numeri negativi genera un numero positivo e produce overflow. Si osservi che l'anomalia si produce in quanto si ha il riporto sulla cifra più significativa. La regola è quindi: ogni qualvolta si ha un riporto sulla cifra più significativa e non su quella precedente o, viceversa, ce si ha su quella precedente ma non sulla cifra più significativa allora il sistema va in overflow.

7. Rappresentazione dei numeri reali e conversione

Nell'elaboratore possono essere rappresentati solo i numeri reali a precisione finita, ossia aventi un numero predefinito sia prima che dopo la virgola, in quanto è impossibile memorizzare numeri con infinite cifre ed è difficile trattare con numeri aventi un numero di cifre non fisso. Conseguentemente risulterà impossibile rappresentare esattamente sia numeri razionali periodici (ad esempio 1/5 se si usa la base 10) sia numeri reali irrazionali (ad esempio il π).

La forma più elementare per rappresentare numeri reali è quella della virgola fissa, cioè un'estensione della rappresentazione dei numeri interi positivi. Si hanno n cifre binarie prima della virgola e m cifre binarie dopo la virgola, in totale quindi m + n cifre complessive, dove i pesi per le cifre dopo la virgola sono 1/2 1/4, ecc., ovvero le potenze successive di due ad esponente negativo.

La conversione dei numeri frazionari si ottiene procedendo con moltiplicazioni successive per due fino a quando la parte frazionaria è diversa da zero o, nel caso di numero non frazione di due, fino a quando si decida di bloccarsi in base alla precisione predefinita per i numeri frazionari (ovvero il numero di bit usati per il numero frazionario). Quindi il numero binario frazionario sarà costituito da tanti "1" quanti sono i riporti prima della virgola, ovvero la parte intera ottenuta dai prodotti per due. Seguono alcuni esempi.

Convertire il numero 12.125 in binario. Tale numero è formato da una parte intera 12 ed una parte frazionaria 0,125. Si procede convertendo in binario prima la parte intera e poi quella frazionaria. La parte intera è già stata convertita, si converte di seguito la parte frazionaria.

*0.125 * 2 = 0.250* (parte intera 0);
*0.250 * 2 = 0.500* (parte intera 0);
*0.500 * 2 = 1.000* (parte intera 1).

In tal caso si considera solo la parte frazionaria per proseguire, la parte frazionaria è pari a zero, per cui la conversione è terminata. Ordinando le parti intere ottenute dai prodotti, si ottiene il risultato:

$$0.125_{10} == 0.001_2$$

Il risultato finale è:

$$12.125_{10} == 1100.001_2$$

Convertire il numero 17.55 in binario con una precisione di otto cifre decimali e con un arrotondamento per troncamento. La parte intera è già stata convertita, si converte di seguito la parte frazionaria.

*0.55 * 2 = 1.10* (parte intera 1).
   Si considera solo la parte frazionaria (0.10);
*0.10 * 2 = 0.20* (parte intera 0)
*0.20 * 2 = 0.40* (parte intera 0)
*0.40 * 2 = 0.80* (parte intera 0)
*0.80 * 2 = 1.60* (parte intera 1).
   Si considera solo la parte frazionaria (0.60);
*0.60 * 2 = 1.20* (parte intera 1).
   Si considera solo la parte frazionaria (0.20);
*0.20 * 2 = 0.40* (parte intera 0)
*0.40 * 2 = 0.80* (parte intera 0)

Avendo calcolato otto cifre si tronca il risultato. Il risultato finale, a 8 cifre binarie, è quindi pari a:

10001.10001100₂

Convertire il numero 17.55 in binario con una precisione di 1/100 (in decimale). La parte intera è già stata convertita, si converte di seguito la parte frazionaria. In tale situazione è necessario comprendere quante sono le cifre frazionarie che è necessario ricavare. La precisione di un numero binario è data dal valore $1/(2^n)$, dove n è il numero di cifre frazionarie. Una precisione di 1/100 decimale si ottiene quindi con 1/128, ossia $1/(2^7)$. Il numero di bit frazionari necessari è quindi 7. Il risultato, a 7 cifre binarie frazionali, in questo caso, è quindi pari a:

10001.1000110₂

Convertire il numero binario 1101.00101100_2 in decimale.

Il procedimento da seguire è quello che associa ad ogni cifra il relativo peso.

Parte intera:

$$1*2_0 + 0*2_1 + 1*2_2 + 1*2_3 = 1 + 0 + 4 + 8 = 13_{10}$$

Parte decimale:

$$0*2^{-1} + 0*2^{-2} + 1*2^{-3} + 0*2^{-4} + 1*2^{-5} + 1*2^{-6} + 0*2^{-7} + 0*2^{-8} = 0$$
$$+ 0 + 0.125 + 0$$
$$+ 0.03125 + 0.015625 + 0 + 0 = 0,17187510$$

Si ottiene:

$1101.00101100_2 == 13.171875_{10}$

La notazione in virgola fissa non è molto utilizzata e al suo posto i numeri reali vengono usualmente rappresentati la notazione a virgola mobile (floating point), che permette di estendere il campo dei valori analizzabili. Ogni numero reale rappresentabile z è rappresentato come di seguito:

$$z = m * 2^e$$

Dove m (la mantissa di z) è un numero reale con un numero M di cifre binarie compreso tra 1/2 e 1, memorizzato con il metodo a virgola fissa (con 0 cifre prima della virgola e M dopo), e l'esponente di z è un numero intero di E cifre binarie (segno compreso). La richiesta che la mantissa sia maggiore o uguale a 1/2 impone che la rappresentazione sia unica e contemporaneamente migliora la precisione del numero reale, infatti in questa maniera la prima cifra dopo la virgola non potrà essere zero, ma uno.

Per avere un'idea della rappresentazione a virgola mobile si possono fare degli esempi usando la base 10. In tal caso la formula di partenza è la seguente:

$$z = m * 10^e$$

in cui m è compreso tra 0,1 e 1.

Imponendo una mantissa di cinque cifre (M = 5), ovvero massimo cinque cifre dopo la virgola e un esponente di due cifre (E = 2) i numeri reali: 13, -7,5; 0,055244; 7341751; -87,1588; -34500000; 0,000000934567 sono rappresentati nella seguente maniera:

$13 = +0,13000 * 10^{+02}$
$-7,5 = -0,75000 * 10^{+01}$
$0,055244 = +0,55244 * 10^{-01}$
$7341751 = +0,73417 * 10^{+05}$ *(troncamento)*
$-87,1588 = -0,87159 * 10^{+02}$ *(arrotondamento)*
$-34500000 = -0,34500 * 10^{+05}$

$0,000000934567 = +0,93457 * 10^{-06}$

La mantissa rappresenta il numero a destra della virgola e la sua lunghezza indica il numero di cifre che possono essere memorizzate. Per convenzione si consideri il numero prima della virgola sempre pari a zero (nello hardware verrà caricata solo la mantissa). Inoltre, la mantissa inizia sempre con un numero non zero. L'esponente rappresenta di quante cifre la virgola deve essere spostata per riottenere il numero originario a partire dalla mantissa (l'esponente è positivo se la virgola va spostata verso destra, altrimenti è negativo). La lunghezza dell'esponente rappresenta la dimensione massima del numero che può essere memorizzato. Si potranno quindi presentare casi di numeri troppo grandi, quale ad esempio 10^{300} (overflow), o troppo piccoli, quale ad esempio 10^{-200} (underflow). L'underflow è solitamente rappresentato come se il numero fosse pari a zero, mentre l'overflow genera una condizione di errore. Si noti, in ultimo, la possibilità della presenza di un errore di troncamento o di arrotondamento dovuto all'operazione di conversione nel formato specificato. Per scelta didattica i numeri verranno sempre troncati. L'errore è strettamente legato oltre che al valore del numero da rappresentare, anche al numero di bit utilizzati per rappresentare la mantissa: maggiore è il numero di bit usati minore è la possibilità di generare errore.

Per scelta didattica, si presenteranno degli esempi di conversione di numeri decimali in numeri binari nel formato in virgola fissa (senza notazione esponenziale), per poi successivamente trasformarli nel formato a virgola mobile con eventuale troncamento (non arrotondamento): in tal caso il primo bit dopo la virgola verrà mantenuto (potrebbe non essere considerato in quanto sempre pari ad uno). Si consideri l'esempio di seguito riportato.

Convertire il numero decimale 11.876 in rappresentazione in virgola mobile su 32 bit (divisi in 1 bit per il segno, 23 bit per la mantissa e 8 bit per l'esponente). La parte intera del numero è 11_{10} in 1011_2. Si consideri che per calcolare la parte frazionaria del numero devono essere sottratti alla mantissa che conterrà il numero binario il numero di bit già occupati dalla parte intera per cui essendo la parte intera composta da 4 cifre, si dovranno calcolare 19 cifre binarie. Per cui si otterrà:

$0,876_{10}$ in $0,1110000001000001100_2$

(19 cifre con approssimazione per troncamento).

La mantissa non normalizzata sarà pari a:

$1011.1110000001000001100_2$.

Normalizzando, si avrà:

$0,101111100000001000001100 * 2^4$.

Essendo il numero positivo, il segno della mantissa sarà pari a 0. Di seguito è rappresentato il numero in floating point.

Segno	Esponente	Mantissa
0	00000100	10111110000001000001100

Anche le operazioni con i numeri in floating point presentano delle differenze con le somme per i numeri interi, in quanto sono necessarie delle operazioni di allineamento delle mantisse (adeguandole a quella più grande). Ad esempio, utilizzando la stessa rappresentazione decimale di prima, la somma $3,0664 + 0,26518$ viene effettuata allineando le due mantisse in modo da portare la virgola nella stessa posizione.

$3,0664 = 0,30664 * 10^{+01}$
$0,26518 = 0,26518 * 10^{+00} = 0,02651 * 10^{+01}$

Sommando i valori con stesso esponente, il risultato è: *0,33315 * 10^{+01}*

Anche questa operazione porta ad un errore di troncamento o arrotondamento. Si ipotizza che i numeri oltre la mantissa vengano troncati (come in questo caso), il che produce un errore di troncamento dovuto al fatto che il risultato corretto ha sei cifre complessive e che quindi non è rappresentabile esattamente e l'ultima cifra viene troncata (per scelta didattica). Nel seguito sono presentati alcuni esempi.

Convertire i due numeri decimali 72,5 e 63,0625 in rappresentazione in virgola mobile su 16 bit (divisi in 1 bit per il segno, 10 bit per la mantissa e 5 bit per l'esponente). I due numeri convertiti sono:

$72,5_{10}$ in $01001000,1000_2$;

$63,0625_{10}$ in $00111111,0001_2$.

Normalizzando, si avrà:

per 72,5 $0,10010001000*2^7$;

per 63,0625: $0,1111110001*2^6$.

Di seguito è rappresentato il numero in floating point per 72,5.

Segno	Esponente	Mantissa
0	00111	1001000100

Di seguito è rappresentato il numero in floating point per 63,0625.

Segno	Esponente	Mantissa

23

0	00110	1111110001

Per sommare i due numeri questi devono avere lo stesso esponente.

Si sceglie come esponente comune, il più grande tra i due.

$63,0625_{10} == 0,1111110001*2^6 = 0,01111110001*2^7$.

In questo caso si può notare come l'ultimo elemento sarà troncato come conseguenza dell'operazione di somma. Si sommano quindi le mantisse con le regole note:

$1001000100 +$
$0111111000=$
$1,0000111100$

Si trasforma quindi il risultato in floating point:

$0,10000111100 * 2^8$ (8 in binario = 01000)

Il risultato della somma sarà il seguente:

Segno	Esponente	Mantissa
0	01000	1000011110

Per controprova si trasformi la somma ottenuta in decimale:

$(010000111,1)_2 == (135,5)_{10}$

Dove la somma iniziale è:

$72,5 + 63,0625 = 135,5625$

In questa maniera si evidenzia l'errore di troncamento dovuto alla limitazione dei bit nella rappresentazione del numero, che porta all'eliminazione delle ultime cifre decimali.

Si consideri in ultimo la conversione del solo numero frazionario:

$$0.125_{10} == 0.001_2$$

In questo caso la "virgola" del decimale deve essere spostata verso destra, ottenendo un conseguente numero negativo per l'esponente. Le regole di gestione del floating point non cambiano: l'esponente sarà rappresentato in complemento a due, oppure sarà "polarizzato" ovvero qualunque sia il valore dell'esponente, purché all'interno dell'intervallo di rappresentazione, risulterà sempre positivo per convenzione in quanto verrà costantemente sommato ad esso un valore costante (definito come *bias*, polarizzazione o eccesso) che rende sempre positivi tutti i possibili valori dell'esponente nell'intervallo di rappresentazione (siano essi positivi che negativi). In questo caso la circuitistica preposta opererà una prima somma per memorizzare l'esponente e una successiva sottrazione per rappresentare in maniera corretta l'esponente. L'uso della polarizzazione permette di avere come valore più piccolo rappresentabile dall'esponente il valore 0 e il più grande come il numero maggiore contenuto nell'intervallo di rappresentazione, inoltre, quando si confrontano due interi polarizzati, per determinare il minore basta considerarli come interi senza segno ordinando e confrontando gli esponenti in maniera più semplice.

8. Standard IEEE 754

Lo standard IEEE 754 originariamente concepito nel 1985 dall'Institute of Electrical and Electronics Engineers(IEEE) e successivamente aggiornato, risulta lo standard più diffuso per la gestione hardware del floating point. La differenza fondamentale dal modello didattico presentato consiste nel non considerare il primo bit della mantissa in quanto è noto essere sicuramente pari ad uno (1). In questa maniera è possibile recuperare un altro bit di precisione per la mantissa. Risulta chiaro che in tal caso la circuitistica si complica sia per le operazioni di recupero del numero che in quelle per i calcoli matematici.

9. Codifiche

Si fa cenno nel seguito ad alcune tra le principali codifiche utilizzate in ambiente informatico, elettronico ed industriale.

Lo standard ASCII (American Standard Code for Information Interchange) è stato pubblicato dall'American National Standards Institute (USASI) nel 1968. È un sistema di codifica dei caratteri a 7 bit, utilizzato nei calcolatori. Attualmente, lo standard più utilizzato di ASCII è lo UTF-8, quale codifica principale di UNICODE per internet secondo il W3C, in cui si utilizzano 8 bit (anche extended o high ASCII). In questo ASCII esteso, i caratteri aggiunti sono vocali accentate, simboli semigrafici e altri simboli di uso meno comune. Lo standard UTF-8 ha inglobato una codifica più ampia e adatta alle esigenze delle comunicazioni moderne, permettendone l'uso in programmi di messaggistica istantanea come Skype o uno dei vari messenger che possono contenere contatti di varie parti del mondo ed in diverse lingue rendendo corretta la visualizzazione dei nomi.

La codifica EBCDIC (Extended Binary Coded Decimal Interchange Code) è un sistema di codifica dell'informazione a 8 bit usato in sistemi operativi di produzione IBM. Il suo sviluppo è stato indipendente rispetto alla ASCII.

La codifica BCD (Binary Coded Decimal) è utilizzata nei calcolatori e nelle calcolatrici portatili per operare direttamente su numeri scritti in formato decimale. Di seguito si visualizzano in tabella i valori utilizzati relativamente alla codifica BCD più semplice (nota come BCD 8421).

Numero BCD	Decimale
0000	0
0001	1
0010	2
0011	3
0100	4
0101	5
0110	6
0111	7
1000	8
1001	9
1010	Non usato
1011	Non usato
1100	Non usato
1101	Non usato
1110	Non usato
1111	Non usato

Tabella 6. Codifica BCD 8421.

La codifica Gray è utilizzata nei sistemi di misura o acquisizione della posizione: la sua peculiarità è nel fatto che valori numerici adiacenti si differenziano solo per un bit, in modo tale da ridurre al minimo la possibilità di errore soprattutto nel caso in cui possano essere variati tutti i bit (si ipotizzi di passare da 111 a 1000). Di seguito si visualizzano in tabella i valori utilizzati relativamente alla codifica Gray a 4 bit.

Numero Gray	Numero binario	Decimale
0000	0000	0
0001	0001	1
0011	0010	2
0010	0011	3
0110	0100	4
0111	0101	5
0101	0110	6
0100	0111	7
1100	1000	8
1101	1001	9
1111	1010	10
1110	1011	11
1010	1100	12
1011	1101	13
1001	1110	14
1000	1111	15

Tabella 7. Codifica Gray.

10. Bibliografia

Luciano Manelli, "Fondamenti di Informatica Moderna", Casa Editrice ARACNE, 2014.

www.ingramcontent.com/pod-product-compliance
Lightning Source LLC
Chambersburg PA
CBHW070906070326
40690CB00009B/2024